PAIX! PAIX!

Paris. — Typ. LACRAMPE ET COMP., rue Damiette, 2.

PAIX! PAIX!

RÉPRIMANDE

ADRESSÉE PAR UN ABBÉ ET UN THÉOLOGIEN

A TIMON

QUI N'EST NI L'UN NI L'AUTRE.

Timeo Danaos et dona ferentes.

Nous craignons les libéraux, surtout lorsqu'ils défendent la religion.
(*Traduction libre.*)

PARIS.

CHEZ TOUS LES MARCHANDS DE NOUVEAUTÉS.

—

1845

PAIX! PAIX!

I

Que nous veut donc ce monsieur qui s'avise de nous défendre? De quel séminaire s'est-il échappé, que nous le reconduisions à ses supérieurs? et gare une verte semonce! Où a-t-il étudié la théologie, pour qu'on destitue son professeur? Qui l'a envoyé? Qui le connaît pour un enfant soumis de l'Église?

Par quel évêque fait-il approuver ses pamphlets? Catholiques, prenez garde à vous! voici un transfuge de la démocratie qui ne me paraît guère converti; il s'annonce encore comme un boute-feu; fermez la porte de l'église! barricadez-la bien : maintenant passons la tête par le guichet de la sacristie et parlementons.

Monsieur, je vous salue (car c'est dans les habitudes de l'Église d'être honnête avec tout le monde); voudriez-vous bien nous dire qui vous êtes, et ce que vous désirez?

LUI.

Je suis Timon.

NOUS.

Quel Timon? est-ce le misanthrope? Vous ne pouvez pas entrer à l'Église, mon brave homme; car ceux qui détestent leurs semblables ne sont pas admis dans la maison de Dieu.

LUI.

Je ne déteste pas mes semblables, et la preuve, c'est que je n'en ai pas (de semblables). — Qui se ressemble s'assemble, dit le proverbe : or, tout le monde s'éloigne de moi.

NOUS.

Eh bien, faites-nous le plaisir d'aller ailleurs : nous avons besoin de quelqu'un qui ramène à nous tout le monde. Si votre talent est d'éloigner tout le monde, nous vous dispensons de nous en consacrer l'emploi.

LUI.

Mais que voulez-vous que je devienne?

NOUS.

Si vous ne savez que devenir, restez ce que vous êtes.

LUI.

C'est à quoi je me déciderai quand je saurai ce que je suis. Voici ma position : j'ai contre moi la presse radicale, la presse conservatrice, la presse dynastique, la presse judiciaire et la presse légitimiste. — De sorte que si je voulais faire adopter mes idées par un organe quelconque de la publicité, on me dirait : il n'y a pas de presse. J'ai contre moi ceux qui ont la petite vanité de croire qu'ils comprennent quelque chose à la question des libertés gallicanes...

NOUS.

Vous n'y comprenez donc rien ?

LUI.

J'ai contre moi ceux qui avouent qu'ils ne la comprennent pas.

NOUS.

Vous en parlez donc comme si vous la compreniez ?

LUI.

Pas précisément ; et tout ce que j'en dis

prouve le contraire : mais je sympathise assez avec les ultramontains, parce qu'ils sont frondeurs, tapageurs et surtout impopulaires. Je suis las de popularité : j'ai été si fêté, si encensé, si admiré, si sérénadé, si lithographié, si médaillé, si courtisé, si popularisé, si colporté, si imprimé, si lu, que je suis las des fêtes, des coups d'encensoir, des points d'admiration, des sérénades, des lithographies, des médailles, de la courtisannerie, de la populasserie, et que j'envoie faire lanlaire mes colporteurs, mes imprimeurs et mes lecteurs ! J'ai lu le roman d'Eugène Sue ; voilà un homme qui fait un beau piédestal aux jésuites ! j'en suis jaloux ; je donne un croc-en-jambe à Rodin, j'escamote la place sur le piédestal, et me voilà !

NOUS.

Mais, monsieur, l'on vous connaît trop : tout le monde va vous siffler.

LUI.

Tant mieux ! je me poserai alors en martyr ; je me draperai dans mon impopularité,
et je dirai à la masse en la regardant bien
entre quatre-z-yeux : Qui êtes-vous ? Pourquoi ne vous nommez-vous pas ? je me
nomme bien, moi, qui signe Timon et qui
ne m'appelle pas Timon ! Que n'imprimez-
vous ? Que ne signez-vous ? M. Pagnerre
n'est-il pas là pour vous imprimer à vos
frais ? Jusqu'à ce que les trente-quatre mil-
lions de Français aient écrit et signé en
personne qu'ils me désapprouvent ; j'ai le
droit de répondre à ceux qui parlent au nom
du peuple : Vous n'êtes pas le peuple ! A
ceux qui invoquent l'opinion : Vous n'êtes
pas l'opinion ! D'ailleurs, je voudrais qu'on
me dise quelles sont au monde les hautes
intelligences devant lesquelles je suis obligé
d'abaisser la mienne !...

NOUS.

Monsieur Timon, ce que vous dites là n'est pas catholique du tout.

LUI.

Qu'est-ce que cela me fait? Ne suis-je pas démocrate? Mais c'est que ces gens-là me fouettent la bile; quel chaos! quelle Babel infernale! ils ne s'entendent pas entre eux. L'un tire à hue, l'autre à dia; l'un m'admire, l'autre me dit des injures; on ne fait rien, on n'arrive à rien. Depuis vingt ans je lorgne la république, et je ne vois rien venir. Nous voulions faire une jolie petite démocratie un peu américaine dont j'aurais été le Francklin... va-t-en au diable! voilà le communisme qui vient tout nous embrouiller avec ses brutales utopies; voilà le peuple qui ne veut plus de nouvelles mystifications, ni de nouveaux maîtres, et qui nous raconte la fable du *Cerf et du Hérisson*; voilà chacun qui prend le parti de piller au panier du pouvoir le dîner du peuple que le gouvernement porte à son cou; chacun veut avoir part au gâteau; et moi, que voulez-vous que je devienne? Ma foi, tant pis! je me fais jésuite: on parlera encore de moi.

NOUS.

Tout doux! tout doux, monsieur le pamphlétaire. Croyez-vous qu'il soit si facile de se faire Jésuite? D'abord nous n'aimons pas les gens à scandale, qui crient feu! feu! pour effaroucher l'ennemi; — ensuite nous ne prenons des affiliés et des élèves qu'après les avoir préparés, catéchisés et éprouvés. Si vous voulez être des nôtres, asseyez-vous là et écoutez; nous allons vous apprendre ce que vous ignorez le plus: le véritable esprit de l'Église. Y consentez-vous?

LUI.

Parlez toujours, je verrai bien.

NOUS.

Ah mais, c'est que la première condition pour être bon catholique, ce n'est pas de voir bien, c'est d'écouter et de croire ; c'est encore de ne pas se mêler de questions théologiques avant de savoir la théologie ; c'est de ne rien publier sur les questions religieuses sans l'aveu de nos seigneurs les évêques ; en êtes-vous là ?

LUI.

Pas précisément ; mais j'y viendrai, puisque j'ai fait le premier pas.

NOUS.

Eh bien, pour y venir, commencez par

vous taire. — Nous ne vous ouvrons pas encore la porte ; mais nous allons vous passer une des chaises de l'église (c'est deux sous). Vous pouvez vous asseoir : et nous allons vous catéchiser, toujours par le guichet de la sacristie.

II.

D'abord, monsieur Timon,

Chapitre premier,

« La religion catholique n'est pas du tout
« démocratique et n'aime pas les démo-
« crates. »

———

L'unité et l'infaillibilité dans le pouvoir,
l'obéissance absolue et passive dans les mas-
ses, voilà la politique du catholicisme.

Cette politique est fondée d'abord sur la notion même du pouvoir.

Tout pouvoir appartient à Dieu, qui règne absolument et arbitrairement sur le ciel et sur la terre.

Dieu, en donnant sa révélation, a établi une loi que les hommes ne sont pas appelés à juger, et une hiérarchie inspirée ou du moins divinement assistée, pour interpréter cette loi ; et la hiérarchie accepte la souveraineté de fait, comme une puissance qui vient de Dieu, et a toujours prêché aux peuples l'obéissance aux monarques absolus, en tout ce qui n'attaquait pas la foi. Voilà donc deux arguments contre la démocratie : l'idée du pouvoir considéré dans sa source, et la pratique constante de l'Église.

Il est facile de prouver la même chose par des raisons générales et des exemples particuliers.

Et d'abord : la loi catholique est essentiellement monarchique et absolutiste en elle-même, et ne doit tendre qu'à façonner les gouvernements humains à son image.

Pour les catholiques, la liberté consiste à pouvoir faire ce qu'on doit. — Tout est arrêté, tout est défini ; il n'y a rien à examiner. Donc l'organe de la loi doit être simple et unique comme elle.

La démocratie est le gouvernement du doute et du bon plaisir des majorités ; peu importe qu'un principe soit vrai en lui-même ; il devient vrai pour la république, dès que le peuple l'a voulu : aussi la minorité des sages est-elle toujours opprimée dans les gouvernements populaires.

Le catholicisme politique, c'est la foi au gouvernement et le gouvernement de la foi. Les croyants n'ont pas besoin d'un sénat qui délibère : la loi est là! il s'agit de savoir si elle affirme ou si elle nie en telle ou telle circonstance ; un enfant suffirait pour prononcer. — D'ailleurs la foi catholique enseigne que tout homme qui se trouve à la tête du gouvernement a une grâce toute spéciale qui le soutient et le dirige, et ne permet pas aux sujets de juger les actions du maître que la Providence leur impose.

Il n'y a dans le monde que deux classes d'hommes : ceux qui veulent faire ce que Dieu veut et ceux qui veulent faire ce qu'ils veulent. Les uns admettent une loi absolue, et se soumettent à quiconque est reconnu d'eux pour l'interpréter légalement; les autres n'admettent que leur bon plaisir, et sont obligés de se consulter entre eux pour s'entendre, s'ils ne veulent pas se battre ou s'ils sont las de se battre. Ainsi la majorité l'emporte, et soumet la minorité à ses exigences et à ses caprices.

Voilà les vrais principes philosophiques du catholicisme en matière de gouvernement : demandez aux docteurs et aux théologiens les plus accrédités en France et en Italie, vous verrez si l'on vous en impose et si même on vous a dit tout.

Maintenant voulez-vous des exemples et des autorités? relisez attentivement, je vous prie, le bref du pape aux évèques de Pologne et les deux lettres encycliques adressées à l'abbé de Lamennais.

Vous connaissez sans doute l'abbé de Lamennais, monsieur Timon; c'est un rude démocrate, n'est-ce pas; aussi a-t-il senti la rigoureuse nécessité de ne plus être catholique. Pour cela il a fallu abjurer vingt belles et glorieuses années de sa vie; il a fallu, les angoisses au cœur et la honte au front, déposer sa soutane de prêtre : mais il voulait être démocrate!

Il a fallu s'exposer à toutes les calomnies, à toutes les injures, à tous les caprices, à tous les dégoûts d'un parti où l'envie de l'impuissance s'insurge d'abord contre tout mérite, sous prétexte d'égalité; il a fallu être coudoyé par le matérialisme dégoûtant et s'entendre appeler frère par les abatteurs de croix. Son cœur s'est soulevé, mais il était trop tard pour s'en dédire ; il a baissé la tête et il a marché : il voulait être démocrate !

Et vous, monsieur Timon, vous venez encore raviver dans la cendre je ne sais quelles étincelles du journal l'*Avenir* déjà perdu dans le passé, et des *Paroles d'un Croyant* qui a cessé de croire ! Vous nous rapportez comme du neuf ces vieilles hétérodoxies depuis si longtemps condamnées ; et vous croyez que nous nous estimerons trop heureux de vous accueillir ! Vous venez furtivement coudre votre lambeau tricolore à la bannière blanche de l'Église, comme si l'Église pouvait avoir plusieurs couleurs, elle qui est une et universelle ! Vous venez, sous prétexte que l'Évangile enseigne aux hommes qu'ils sont frères, nous planter furtivement sur la tête votre vieux bonnet rouge, nous appeler démocrates, ce que nous regardons comme la plus grosse des injures, et vous faire notre avocat sans en être prié, pour embrouiller notre cause, et la confondre, s'il se peut, avec celle de votre malheureuse république à jamais ruinée! — Vraiment, il ne vous reste plus qu'à renouveler encore un des plus hideux et des plus ridicules blasphèmes de ce temps-là, — parlez-nous du sans-culotte Jésus!

Tenez, convenez-en, vous n'êtes plus démocrate, et nous vous en félicitons. Ces gens-là ont usé votre patience! Quoi de plus ampoulé que leurs déclamations? Quoi de plus mesquin que leurs cabales? Comprennent-ils quelque chose à ce qu'ils disent? Comprend-on quelque chose à ce qu'ils veulent? Ce qu'ils veulent, c'est la licence pour eux et la servitude pour les autres. Chacun d'eux est un petit dictateur en herbe qui dit : La république, c'est moi! Excepté nous deux, disait je ne sais quel petit poucet littéraire à je ne sais quel républicain ventru, qu'y a-t il de capable dans le parti démocratique? — Allons, allons, dit l'autre, ne me flatte pas parce que je suis là ; et dis franchement ta pensée : qu'y a-t-il de capable excepté toi tout seul ? — Ces deux hommes-là étaient faits pour se comprendre et ne pas s'estimer. Ils étaient démocrates.

Je vous le demande, monsieur Timon, comment a commencé la démocratie ? n'est-ce pas par la réforme ? Les philosophes du dix-huitième siècle n'ont-ils pas continué l'œuvre des protestants ? Les bourreaux de 93 n'ont-ils pas achevé l'œuvre du dix-huitième siècle ? Nos démocrates d'à-présent ne sont-ils pas les enfants et les continuateurs des hommes de 93 ? — Ah ! vous reconnaissez maintenant que l'impiété conduit le peuple à l'immoralité, et par l'immoralité à l'abrutissement et à la servitude ! — Ah ! vous convenez qu'on ne peut séparer le principe chrétien de ses conséquences catholiques, tout en avouant qu'en dehors du christianisme il n'y a pas de religion possible ! L'aveu est précieux, quoique un peu tardif—

mais n'importe! — enfin vous en êtes venu là! Et vous n'êtes pas épouvanté des torrents de sang qu'ont fait couler inutilement la réforme et la révolution! et vous n'excuseriez pas au moins les princes catholiques qui, pour sauver, croyaient-ils, l'humanité entière, ou du moins de nombreuses générations, voulaient intimider les hérétiques par la rigueur encore insuffisante des lois! Ah! vous condamnez donc enfin Luther! vous jetez Voltaire au feu; vous donnez le fouet à Rousseau, et vous renvoyez nos professeurs du collége de France à l'école! — C'est quelque chose déjà, et le plus fort est fait. —Maintenant il vous reste à vous confesser d'avoir perdu du temps et de l'encre pour la démocratie; il vous reste à faire pénitence côte à côte avec ce pauvre M. Dupin, qui a écrit comme vous sur des matières qui ne sont pas de votre compétence; il vous reste enfin à faire inscrire votre conversion sur les registres de l'archi-confrérie à Notre-Dame-des-Victoires!

Point de mauvais subterfuges, point de positions ambiguës. Lorsqu'on veut être catholique, il faut avoir le courage de l'être tout à fait. Pleurons sur le passé, brûlons les mauvais livres ; empêchons la contagion des mauvaises pensées : Rome n'a pas aboli la congrégation de l'index. Vous dites que la publicité des doctrines ennemies de la religion est avantageuse pour la foi, parce que leur absurdité fait ressortir la vérité imposante du catholicisme ; nous n'acceptons pas cette assertion emmiellée et sophistiquée ; notre saint-père le pape, dans sa première encyclique à M. de Lamennais, a déclaré positivement le contraire, et a condamné en termes formels la proposition que vous ne craignez pas d'émettre encore. Si vous croyez fermement que l'Église est où est Pierre, l'Église vous ferme la bouche ; catholique, soumettez-vous !

Après tout, nous vous regardons comme un brave et digne homme ; il faut bien vous avouer cela après vous avoir dit des vérités un peu dures ; vous avez le courage de l'impopularité, ayez-le donc jusqu'au bout, et avouez franchement que si le catholicisme a un antipode au monde, c'est la démocratie.

Est-ce que Jésus-Christ a aimé le peuple dans le sens politique, lui qui combattait et humiliait si franchement le patriotisme juif en prescrivant l'obéissance à César? lui qui ne parlait aux multitudes qu'en paraboles, afin, disait-il, que ces gens-là ayant des oreilles ne comprennent pas, et ayant des yeux ne voient pas, de peur qu'ils ne soient sauvés et que je les guérisse? lui qui établissait l'aristocratie d'intelligence en usant d'un langage symbolique et en défendant de semer les perles devant les pourceaux? lui qui établit d'abord l'oligarchie des élus, puis la monarchie spirituelle de saint Pierre, modèle spirituel des monarchies temporelles à venir? Je veux bien qu'il ait dit : « Nous n'avous qu'un père et qu'un maître : c'est Dieu, et nous sommes tous frères, et « Que celui d'entre vous qui voudra être le premier soit le serviteur de tous. » Ce sont là des principes généraux et des avis pour l'instruction des rois; mais que les rois profitent ou non de ces avis (ce qui les regarde), les peuples chrétiens ne leur doivent pas moins obéissance, à l'exemple du Christ, qui payait le tribut à Tibère; à l'exemple des saints apôtres Pierre et Paul, qui, étant chefs de l'Église, se laissaient juger par Néron; à l'exemple de cette multitude de fidèles dont parle Tertullien, qui n'auraient eu qu'à se retirer des villes de l'empire pour épouvanter les Césars de leur solitude, et qui sont restés pour obéir et pour mourir. — *Obedite... etiam discolis*, disait le grand apôtre, — obéissez même à ceux qui n'ont pas la même foi que vous, ou, selon une traduction plus rigoureuse : — obéissez même aux méchants. — Que ferez-vous avec cela de votre vieux petit reste honteux de démocratie, mon pauvre monsieur Timon?

Lorsque le Christ a maudit le monde, que pensait-il des majorités populaires?

Lorsqu'il a recommandé la voie étroite en annonçant que l'immense multitude des hommes suivait le grand chemin de la perdition, avait-il envie de mettre sa religion aux voix et de l'appuyer sur la pluralité des suffrages? Il a du reste subi une fois avec résignation les votes de la multitude, lorsqu'on a crié tout d'une voix : « Crucifiez-le! » Et ce triomphe sanglant de l'opinion d'une populace n'a pas dû rendre ses vrais disciples très-républicains, convenez-en.

Et puis, que veut-on dire avec ces grands mots d'indépendance et de souveraineté du peuple? Chaque individu va donc être indépendant de la société? les bambins marcheront tout seuls et feront leur cuisine? Tout le monde sera maître : c'est fort beau. Maître de quoi? Qu'est-ce que c'est qu'un maître?

C'est celui à qui on obéit. Qui donc obéira à tout le monde? Personne. Alors chacun sera isolé de tous. Être indépendant, cela veut dire être abandonné à ses propres forces! Et vous ne tremblez pas de tous vos membres à la pensée de cette effroyable solitude? Si vous voulez vivre en société, qui réglera vos relations? Est-ce que vous ne savez pas par expérience qu'il y a et qu'il y aura toujours des faibles et des forts? Qui protégera les faibles contre les forts, s'il n'y a pas d'autorité? Sans autorité, est-ce qu'il y a une association possible, même dans la famille? Et l'autorité est-elle possible sans une foi entière qui empêche tout téméraire examen? Où en serait-on, mon Dieu! si le moutard en bavette voulait délibérer avec ses petits frères sur l'opportunité et la raison des ordres de papa avant que s'y soumettre? Mais, est-ce que l'État n'est pas une grande famille? Pourquoi nos gouvernements n'ont-ils plus de force? C'est parce qu'ils manquent de ce droit divin qui commande la foi, et qui fait toute l'autorité du père de famille. Est-ce que les peuples ne sont pas toujours des enfants? Les rois et les démocrates ne les ont-ils pas menés tour à tour où ils ont voulu, les uns en qualité de pères, quelquefois assez durs et assez mauvais, je veux bien en convenir, les autres en qualité de valets fripons et flatteurs qui exploitaient les vices de l'enfant pour usurper sa confiance et s'enrichir de ses déréglements et de ses dépenses frauduleuses?

Mais je vous le demande, à vous, monsieur Timon, qui êtes un homme instruit, est-ce qu'il a jamais existé au monde une véritable démocratie? Appelez-vous ainsi cette anarchie envieuse qui envoyait Aristide en exil, lasse de l'entendre appeler le Juste? Êtes-vous satisfait de cette oligarchie orageuse des patriciens les plus orgueilleusement despotes de l'univers, qu'on appelait la république romaine? Le peuple français ne faisait-il pas triste figure en assistant aux sanglantes tragédies que jouaient en s'entr'-égorgeant tour à tour, en 93, et la Montagne et la Gironde? Le seul gouvernement auquel le peuple ait jamais compris quelque chose, c'est celui de l'Empereur. A la bonne heure! il connaissait son affaire, celui-là! il savait commander! Les multitudes sont comme les enfants, elles ont besoin d'une autorité sûre et ferme, et estiment davantage celui qui sait mieux se faire obéir. Les maris bénévoles sont coiffés par leurs femmes; les papas-gâteaux sont conduits par le nez et tiraillés sans respect par leurs petits enfants. Si le maître d'école rit des farces de ses écoliers, on va lui faire les cornes, et bonsoir la grammaire. Le peuple est le même partout.

Maintenant, monsieur Timon, passons, si vous le voulez bien, à un autre chapitre.

Ergo secondo.

« Il faut accepter le catholicisme tout en-
« tier ou le rejeter absolument. »

———

Savez-vous bien que nous pourrions vous
prendre pour un loup déguisé, qui veut se
glisser dans la bergerie, à quelque fin per-
verse et un peu mal dissimulée! Mais, qui
êtes-vous donc, encore une fois? Vous avez
deux saints dans votre calendrier qui ne
s'accorderaient pas très-bien ensemble dans
le nôtre : O'Connell et Abd-el-Kader! Or ça!
voyons, lequel des deux allons-nous défini-

tivement admirer? L'un se dit catholique, et nous désirons bien sincèrement qu'il le soit; l'autre est un marabout, c'est-à-dire un prêtre, vous écriez-vous avec emphase! Mais où en sommes-nous donc? Est-ce qu'il faut également vénérer le fanatisme et la religion, la superstition et la piété, la vérité et le mensonge? Allez-vous donner aux hommes de nos jours, pour remède au mal de l'incrédulité, le culte de n'importe quoi? En sommes-nous venus là? Admirons-nous indistinctement les prêtres de Baal, qui se faisaient des incisions par tout le corps avec des lancettes, et Élie, qui exterminait les prêtres de Baal? Et si par hasard Abd-el-Kader, que son prophète engage à étendre par le sabre l'empire du Koran, se trouvait dans une guerre de religion, heureusement fort improbable, face à face avec la verte Irlande, donnerait-il à O'Connell une main fraternelle le lendemain d'une bataille décisive? Suffit-il d'un enthousiasme quelconque

pour faire des héros? Pourquoi ne canoni-
serions-nous pas alors Ravaillac et Jacques
Clément? Pourquoi n'ouvririons-nous pas
notre Panthéon aux fanatiques d'Alby, de
Munster et des Cévennes? En quoi Jehan
Beckold, cet indomptable roi de la nouvelle
Sion, était-il inférieur à l'émir du désert,
tant qu'il ne fut pas vaincu et mis en cage?
Jean Zisca, le Bohémien, avait-il moins de
courage et de persévérance qu'Abd-el-Kader,
lui qui, tout aveugle, se faisait porter au
plus chaud de la bataille, et qui légua en
mourant à ses coreligionnaires sa peau pour
en faire un tambour? Et voilà les modèles
que vous nous donnez en nous criant: Feu!
feu! à nous qui ne brûlons plus les hérétiques, ce qui peut-être vous rassure! Allons
donc, père Cormenin! le bout d'oreille
révolutionnaire s'échappe encore sous votre
calotte neuve! Ne soyez plus si ardent une
autre fois!

Mais avant d'aller plus loin, dites-nous

franchement si vous êtes musulman ou catholique. Vous n'êtes pas musulman; donc vous croyez que l'islamisme est un culte mensonger et barbare; — donc vous devez désirer que le christianisme catholique en triomphe, dans l'intérêt même des populations que l'erreur de Mahomet égare encore; — donc, tout en plaignant le fanatique courage de l'émir, qui nous tient en échec depuis quinze ans, vous devez le regarder comme un ennemi de la vérité et de la civilisation, et désirer qu'il soit soumis ou vaincu. Ce qui s'accorde mal avec cette admiration que vous lui prodiguez, comme à un héros, sans vous souvenir de ce principe très-catholique, que la vérité seule a des héros pour défenseurs, tandis que le mensonge n'a que des séides.

Si vous êtes catholique, laissons Abd-el-Kader où il est, et revenons aux catholiques. Vous avez parlé d'O'Connell; et voulez-vous que nous vous en disions franchement notre pensée? — L'Église ne le condamne pas encore, mais elle le suit des yeux avec inquiétude. Elle n'a pas souffert qu'en Pologne la religion fût un prétexte de révolte et de guerre civile; et si le prétendu grand agitateur la compromet le moins du monde dans toutes ses agitations plus ou moins soumises et pacifiques, elle n'aura pas, je crois, la peine de l'abandonner; il pourra voir que les précautions sont prises depuis longtemps. Est-ce que l'Église a besoin de la popularité des hommes? Elle est essentiellement impopulaire, parce qu'elle est universelle, et qu'au-dessus de ce qu'on appelle le peuple, il y a l'humanité tout entière, et au-dessus de l'humanité, Dieu! qui regarde en pitié l'orgueil des petites fourmilières humaines, lorsqu'elles *s'en vont en guerre* les unes contre les autres.

Vous avez bonne grâce, en vérité, d'excuser le pape et de nous le montrer ayant la main forcée par les rois, comme si l'Église universelle n'était pas là, toujours libre et indépendante au spirituel, pour réclamer et protester, si jamais une prévarication semblable avait fait faillir l'autorité dans son centre !

Voici votre phrase, monsieur ; et passez-nous un peu de verdeur dans notre attaque : nous croyons à votre bonne foi, mais si de pareilles assertions sortaient de la bouche d'un des nôtres, nous l'appellerions hypocrite, et nous en aurions le droit.

« Le pape est un vrai martyr de tous les porteurs de sceptre et d'épée. Il résiste jusqu'au bout et tant qu'il peut à leurs violences ; et lorsqu'il cède, parce qu'on le tient serré à la gorge et qu'il est le plus faible, comment trouvez-vous que ce soit lui qu'on accuse ? » (Page 102.)

Nous trouvons, je vous l'avoue, plus étrange et plus inouï encore que vous l'excusiez ainsi. C'est un vrai martyr, dites-vous, qui ne cède que parce qu'on le tient à la gorge! Dans quel martyrologe avez-vous vu des martyrs de cette espèce, monsieur Timon? Dans celui de la Chambre des Députés, peut-être! Sachez que parmi nous on appelle martyrs, ceux qui ont résisté précisément parce qu'on les tenait à la gorge, et qui sont morts plutôt que de céder.

Mais, selon vous, le pape cède; et que cède-t-il? les droits de la vérité et de l'Église! et l'Église ne dit rien! et il y a encore une Église! et vous faites partie de cette Église-là? et vous voulez qu'on ait foi à vous et à votre Église? et vous voulez que nous nous taisions, et que nous vous laissions le soin de nous défendre, lorsque vous vous en acquittez de la sorte! Allons donc, allons donc!

Si nous ne tenions pas à ne vous fâcher en aucune manière, et si nous n'étions un peu touchés de tout ce que vous endurez d'injures depuis peu à cause de nous, nous vous dirions, d'un ton justement offensé : Ni le pape, ni l'Église n'ont besoin, monsieur, de votre insultante pitié ; gardez-la pour vous et les vôtres ! Mais les vôtres, bientôt ce sera nous. C'est pourquoi, n'en faisons pas à deux fois, et expliquons-nous bien pendant que nous nous tenons encore entre les deux camps. — Ce que vous nous dites là d'incohérent et d'irrévérencieux à propos du pape, ce n'est autre chose qu'une réminiscence lamennaisienne. Vous voulez nous faire accroire encore que le pape approuvait en secret les doctrines de *l'Avenir*, mais qu'il a eu peur de ceci, qu'il n'a pas voulu risquer cela, que tel souverain lui a forcé la main, que tel autre l'a menacé de ceci et de cela tout à fois : c'étaient de petits contes fort bien imaginés pour bercer l'amour-propre malade des enfants d'un prêtre beaucoup trop poétique ; et quand je dis les enfants, je crois peindre d'un seul trait cette coterie de petits abbés rodomonts qui voulait alors, bon gré malgré, régénérer l'Église à leur manière. Mais nous sommes encore très-indulgents de n'appeler cela que des contes : pour un croyant vraiment catholique, ce sont des blasphèmes. Je vous ai déjà dit pourquoi.

Non, monsieur ; l'Église, en condamnant le libéralisme politique en la personne de l'abbé de Lamennais, n'a pas manqué à sa mission divine, et n'a pas prostitué son autorité sainte aux intimidations des rois. Rome a condamné M. de Lamennais parce qu'il était démocrate ; et que, par conséquent, il n'était plus catholique, puisque le catholicisme est la monarchie essentiellement et divinement absolue.

Elle l'a condamné, parce qu'elle a horreur de cette prétendue liberté de conscience qui permet aux hommes de préférer ouvertement le mensonge à la vérité. Si une pareille liberté paraît désirable à des hommes qui doutent, elle doit être épouvantable pour ceux qui croient et qui ne sont pas indifférents au malheur de leurs frères.

Rome enfin a condamné **M.** de Lamennais parce qu'il voulait pousser le jeune clergé dans une fausse voie, celle des protestations devant les juges temporels, celle de la cabale politique et de la guerre des pamphlets. Il semblait que sans la fougue inconsidérée de ces petits messieurs, tout était perdu : l'Église était paralysée partout où ils n'avaient pu parvenir à communiquer leur fièvre; ils se mettaient enfin, sous prétexte d'être plus catholiques que le pape, sur le grand chemin des sectaires. L'Église a parlé à temps pour avertir ceux qui pouvaient encore vouloir s'arrêter; quant aux autres, ils sont allés tout droit où ils allaient déjà sans la condamnation de Rome : au chaos du républicanisme, à la désolante concession de l'Être suprême, et au culte de la Raison, déesse honteuse qui n'a plus même la franchise de se faire burlesquement représenter par les vierges folles de l'Opéra.

Or, considérez bien, mon cher monsieur,

que le protestantisme ou la doctrine de l'examen privé, est la démocratie religieuse, comme le système de la royauté du peuple et du règne, ou plutôt de l'insubordination des multitudes, est la démocratie politique. Or ces deux démocraties sympathisent forcément ensemble, comme les deux systèmes d'obéissance et de subordination s'accordent nécessairement.

Dès que Luther eut rompu avec Rome, il rompit forcément avec l'intégrité du dogme, et ne put rester catholique dans sa foi, après avoir cessé de l'être dans le principe de l'autorité. Mais, depuis Luther, la logique a fait des progrès ; et Lamennais condamné par le pape et refusant de se soumettre, a si bien senti l'impossibilité, pour lui, d'être encore catholique, qu'il a cessé dès ce moment d'être chrétien.

Quant à vous, monsieur, puisque vous vous dites si hautement catholique, vous ne pouvez plus vous dire en même temps ni un libre penseur, ni un philosophe, ni surtout un démocrate, sous peine de n'être rien de tout cela, et de passer tout bonnement pour un inconséquent et un bavard.

Passons maintenant, si vous voulez, à la question fort mal comprise, fort mal débattue, et fort mal attaquée et défendue de part et d'autre, des ultramontains et des gallicans.

—————

Et d'abord,

Tout ultramontain qui traite les gallicans d'hérétiques est un hérétique, et tout gallican qui traite les ultramontains de sectaires est un sectaire.

Je sais qu'à notre époque très-illogique, époque des faux semblants et de la tartufferie, on appelle assez vulgairement jésuites et ultramontains (ce qui n'est pas du tout la même chose), tous les catholiques en général ; tandis que les mécréants s'intitulent gallicans : mais il n'est pas question ici de mauvaises plaisanteries, et, comme vous dites, parlons d'affaires.

Pour les vrais catholiques, pour ceux qui savent les premiers éléments de la théologie, la prétendue guerre de l'ultramontanisme et du gallicanisme n'est qu'une dissidence d'école, tout à fait indifférente dans la pratique ; et si indifférente, que le saint-siége lui-même a défendu expressément de donner de l'importance à cette question, et a imposé silence aux deux partis.

De quoi s'agit-il en effet? de savoir si le pape est infaillible sans l'Église ou avec l'Église. Tous conviennent qu'il est infaillible avec l'Église ; aucun ne prétend qu'il doive être infaillible sans elle, puisque la tête ne saurait vivre séparée du corps. — Seulement, les gallicans supposent une discussion possible entre le pape et le concile, comme des exemples en ont été donnés à l'époque du grand schisme ; les ultramontains, au contraire, ne se laissent pas scandaliser par les malheurs mêmes de ces temps d'épreuve, affirment que le pape de Rome a toujours été le seul vrai pape, tiennent pour illégal tout ce qui a été fait sans lui, et ne pensent pas qu'un vrai concile catholique et légitime puisse jamais être en contradiction avec le pape. Du reste, les vrais gallicans obéissent au souverain pontife, exactement comme des ultramontains ; et les vrais ultramontains respectent l'ordre temporel, comme le pape le respecte lui-même. La question est donc tout à fait indifférente dans la pratique ; et si les ultramontains paraissent plus respectueux en théorie envers le saint-siége apostolique, les gallicans ne leur cèdent en rien dans la pratique, puisqu'ils seraient disposés à arracher leur opinion comme une mauvaise herbe, s'ils reconnaissaient à sa racine la moindre semence de schisme.

Savez-vous, monsieur Timon, ce qui sent terriblement le schisme et l'hérésie? C'est de supposer que le pape puisse trouver indifférentes des questions religieuses aussi capitales que les supposent vos mauvais théologiens; c'est de croire que le gardien du champ de l'Église puisse y laisser pousser l'herbe du schisme, sans s'inquiéter des progrès de cette ivraie. — Selon vous, l'ultramontanisme seul est un retour au catholicisme. — J'aimerais mieux dire, un retour du catholicisme; et j'ajouterais : en arrière; mais n'importe, admettons cela. Selon vous donc, le pape est la seule autorité infaillible de l'Église. Mais vous a-t-il reconnu son unique légat? Quoi! vous élevez la voix lorsqu'il se tait? Vous supposez donc que le représentant de Dieu a perdu la parole? C'est peut-être, comme vous dites, parce qu'on le tient à la gorge; et alors, vous, pour le dégager, vous criez feu! feu! à la manière de

Polichinelle, qui, dans je ne sais quel inter-
mède de comédie, imite avec sa bouche le
bruit d'un coup de pistolet pour faire peur
à des archers, et n'en reçoit pas moins ensuite une volée de coups de bâton.

Je ne prétends pas, monsieur, pousser la
comparaison jusqu'au bout; et à Dieu ne
plaise que je vous souhaite ici le succès de
Polichinelle! Avouez pourtant que vous mé-
ritez bien d'être rudoyé un peu, vous qui
faites si bon marché des réputations les plus
hautes, et qui donnez sans façon les étri-
vières à Bossuet, sans être même troublé
par le respect religieux dont la mort a en-
touré les souvenirs de ce magnifique génie! — Ainsi donc cette grande et sublime
figure qui pleure si majestueusement sur le
tombeau des rois, cet important appréciateur
du néant des grandeurs humaines, celui qui,
à la face du plus superbe des monarques,
proclamait que Dieu seul est grand, le Jé-
rémie des majestés éteintes n'était qu'un

prêtre courtisan, à qui un despote pouvait dire : Mettez-vous là et écrivez. — Écrivez contre votre conscience ; — écrivez contre l'Église... Mais Bossuet eût-il été un fourbe, dominé seulement par l'ambition et l'orgueil, il n'eût pas voulu du moins écrire contre sa gloire ! et, de bonne foi ou non, un homme de cette taille ne trahit pas une cause qu'il a si splendidement et si grandement défendue ! — Est-ce que vous prenez l'aigle de Meaux pour un de ces canards qui barbotent dans les ruisseaux du budget ?

En tout ceci, monsieur, l'Église ne vous approuve pas, soyez-en sûr.

Maintenant, un mot seulement sur les empiétements réciproques du spirituel et du temporel.

Tant que le pape agit comme souverain prêtre, il n'a d'action que sur le spirituel ; et dès que l'Église se soumet à ses décisions, les rois n'ont rien à lui répondre.

Certainement, comme arbitre de la mo—

rale, le pape peut approuver ou blâmer le gouvernement des rois : et si les rois sont catholiques, c'est-à-dire soumis, quant à la conscience, à l'autorité hiérarchique, ils doivent, tout aussi bien que les simples fidèles, obtempérer aux avis du souverain pontife.

Si le gouvernement n'est pas chrétien, à coup sûr le pape ne se mêlera pas de lui, si ce n'est dans ses prières pour la conversion des pécheurs.

D'un autre côté :

Si l'État se sert du temporel pour enchaîner les consciences des prêtres, et les prendre, comme des animaux, par la mangeaille, l'État est ignoble et infâme.

Vous ne croyez pas aux prêtres, et vous les salariez pourtant, parce que vous les reconnaissez utiles et même nécessaires. Cela ne vous donne pas le droit de les corrompre.

Vous n'allez pas à l'église, ne vous mêlez donc pas des affaires de l'Église. Quand les prêtres iront vous molester chez vous ou dans vos réunions publiques, vous verrez ce que vous aurez à faire.

Vous voulez la liberté de conscience pour vous ; donnez-la aux autres.

Est-ce qu'on ne doit pas être libre même de ne pas aimer votre liberté ? et de quel droit m'imposerez-vous votre opinion plutôt que je ne vous forcerai à accepter la mienne ? Vous me croyez fanatique, moi je vous crois extravagant. Les opinions sont libres ; seulement, si nous nous battons, on nous mènera au corps de garde. A chacun sa conviction, la loi pour tous.

— Ah ! mais si l'on vous laisse faire, messieurs les jésuites, vous aurez bientôt...

— Quoi ! vous avez peur de nous qui sommes si absurdes, si impopulaires, si honnis, si interpellés, si traqués, si dénaturés ! Eh ! de par Eugène Sue, ne nous laissez pas faire, mais laissez-nous vivre; vous vivez bien, vous! Ne nous laissez pas faire, quand nous voudrons vous faire du mal. Est-ce que vous êtes des sots? avons-nous toute l'intelligence du monde entier? Vous nous rendriez vaniteux! Est-ce que vous ne nous verrez pas bien venir? Ne nous laissez pas faire, mais laissez-nous parler : vous parlez bien, vous! Et quand je dis que vous parlez bien, c'est un compliment jésuitique; je vous en préviens pour qu'on ne m'accuse pas de restrictions mentales.

Revenons à nos moutons, c'est-à-dire à notre brebis égarée, qui veut elle-même revenir au bercail. Mais reposons-nous un instant : prenez-vous du tabac, monsieur Timon? C'est une mauvaise habitude qui se contracte assez facilement dans les prisons et au séminaire. Je ne dis pas cela pour les républicains, mais moi j'ai été au séminaire.

— A propos! vous allez quelquefois aux Funambules : n'est-ce pas que Pierrot est fort

drôle? sa gourmandise sérieuse, ses fanfa-
ronnades poltronnes, les magnifiques coups
de pied qu'il allonge aux gens qui se tour-
nent à propos pour ne pas les recevoir dans
le ventre, sa friponnerie et surtout sa pâ-
leur toujours immobile, vous ont fait penser
à nos hommes d'État, convenez-en ! et vous
avez peut-être dans votre cœur préféré
Pierrot, qui du moins vous faisait rire...
Mais bah ! vous avez tout de suite renoncé
à la pensée sérieuse de lui confier le gouvernement, même pendant un quart d'heure,
bien convaincu que s'il devenait roi, il ces-
serait d'être amusant.

Et puis, encore à propos de Pierrot, savez-vous que vos lazzis sur le tout qui est
dans le grand tout sont jolis comme tout ?
On dit que M. Vatout surtout en parle partout ! quel atout !

Seriez-vous d'humeur à laisser là pour
un instant vos jeux de mots, qui sont d'ailleurs fort spirituels, pour causer un peu

sérieusement sur le panthéisme moderne ?

Réduisons toute la question à quelques principes :

Dieu est tout pour les catholiques et tout est de Dieu ; mais tout n'est pas Dieu.

Un vrai catholique peut voir tout en Dieu et Dieu dans tout, car Dieu ne peut s'absenter de rien. Et le catéchisme nous dit qu'il est présent partout, qu'il voit tout, qu'il peut tout, qu'il a créé toutes choses et qu'il les gouverne toutes.

Dieu étant le principe et la cause unique de l'être, nous participons tous de lui comme les ruisseaux de leur source et comme les effets de leur cause.

Mais nous différons avec lui de personnalité et de nature, puisque nous sommes finis et sujets à l'erreur.

Ceux des philosophes de nos jours qui pensent ainsi, ne sont pas des panthéistes proprement dits, puisque leur idée est très-catholique.

Le panthéisme proprement dit ne peut admettre de distinction entre l'esprit et la matière. Il faut donc qu'il soit matérialiste exclusif ou spiritualiste absolu.

D'après ce système, lorsque le bourreau exécute un homme, ce serait Dieu qui couperait la tête à Dieu pour avoir assassiné Dieu.

Le libre arbitre serait une impossibilité et la morale une absurde rêverie. Cette doctrine doit donc avoir pour partisans tous les amis de la licence et tous les ennemis de la morale.

Il y a un autre panthéisme qu'on pourrait appeler le panthéisme mystique; c'est une espèce d'optimisme qui voit tout sortir du sein de Dieu pour retourner nécessairement à lui. En sorte que le mal passager disparaît pour eux dans le bien à venir, et devient même en quelque sorte un commencement du bien qu'il fait acheter et rend ainsi plus précieux aux hommes par d'utiles et sages épreuves.

Pour les partisans de cette opinion, le libre arbitre existe, mais il a un terme qui ne peut jamais être le mal. Ses déceptions plus ou moins prolongées doivent le ramener nécessairement à Dieu ; et ainsi l'on ne doit pas croire à l'éternité des peines de l'enfer.

Cette doctrine n'est pas nouvelle ; dès les premiers siècles, Origène essaya de l'introduire dans le christianisme. Elle a maintenant pour propagateurs tous ceux qui se disent catholiques en dehors de l'Église catholique. C'est l'hérésie ou la tendance erronée des principaux écrivains dissidents de notre époque, Lamartine, Balzac, George Sand, etc., qui l'ont empruntée aux illuminés du Nord et aux poésies de Goëthe et de Schiller, les bardes de l'éclectisme moderne.

Je dois vous avouer que ce système a quelque chose de séduisant qui le rend extrême-

ment dangereux, surtout pour les imagina-
tions sensibles et les cœurs tendres. Je ne le
trouve ni si déraisonnable ni si obscur que
vous voulez bien le dire : car l'éternité des
peines de l'enfer est un de ces dogmes terri-
bles qui ne se prouvent pas par des arguments de raison. La foi seule doit ici nous
suffire. Avez-vous beaucoup de foi? êtes-
vous prêt à donner votre sang pour le dogme
de l'éternité des peines? faites-vous tous les
soirs, avant de vous coucher, votre examen
de conscience suivi d'un bon acte de contri-
tion? Pensez-y bien, monsieur Timon, il
s'agit du salut de votre âme; et puisque vous
ne voulez pas du Dieu tout qui est dans le
grand tout, il faut prier soir et matin dévo-
tement notre Père qui est aux cieux, afin
qu'il ne nous induise pas en tentation, mais
qu'il nous délivre du mal.

Mais à propos des tentations qu'il faut
repousser et du mal dont il faut nous défendre, il me vient encore un petit scrupule:

pardonnez nous un peu de défiance, mais les ennemis du clergé savent peindre avec tant d'art les ruses infernales attribuées aux jésuites, que nous apprenons à tout craindre de la part de ceux qui peuvent inventer des suppositions pareilles. Voyons... tenez, nous sommes au fond de bonnes gens, très-faciles à duper; vous savez la scandaleuse anecdote du caissier Afnaër? Chut!... Mais enfin nous ne voulons pas être toujours dupes; ainsi vous voudrez bien, après avoir reçu toutes nos instructions, nous expliquer à votre tour certaines petites choses... Pourquoi, par exemple, et comment l'éditeur Pagnerre, qui a publié les *Manifestes* de M. de Lamennais contre Rome, et bien d'autres boutades démocratiques extrêmement peu religieuses, se fait maintenant l'ardent propagateur de vos pamphlets ultramontains? Est-ce que les Brutus de la presse républicaine ne vont pas le renier? Il fera donc faillite, ou bien vous suffirez tout seul aux besoins de sa librairie? Veut-il changer de spécialité et faire désormais concurrence à la maison Périsse ou aux frères Gaume? Prévenez-le charitablement qu'il fera là une fausse spéculation; il n'aura jamais toute notre confiance ; il a pour nous de trop fâcheux antécédents. Voudrait-il par hasard rester éditeur républicain et publier vos homélies? il serait donc sûr du consentement et de l'assentiment de toute sa clientèle? c'est donc un coup monté entre vous? vous êtes donc un transfuge secrètement approuvé du camp des démocrates? vous criez donc feu! feu! afin que tout le monde tire sur nous? Vous allez vous mettre devant, monsieur le déserteur!

Oui, feu! feu! sur Timon! à lui seul la responsabilité de ses imprudentes attaques. L'Église, à l'exemple du Christ, ne veut allumer d'autre feu sur la terre que celui de la sainte charité; elle n'envenime pas les haines, elle n'irrite pas les colères, elle renie cet esprit frondeur et batailleur qu'on voudrait lui infiltrer. Sûre de son avenir, elle souffre et elle attend ; sa résistance à ceux qui veulent l'opprimer est toujours passive, et ce qu'elle ne fait pas, elle n'a pas besoin que d'autres le fassent pour elle. Vous conseillez bénévolement aux évêques de se taire et de vous laisser la parole, et cela dans un pamphlet où vous dites que le monde est plein de messieurs Gros-Jean qui en remontrent à leur curé ; si vous ne voulez pas être un de ces messieurs-là, ne vous mêlez pas des questions religieuses ; laissez parler les évêques, c'est leur affaire : et écoutez pour vous instruire, c'est le devoir de tous les bons chrétiens.

Vous vous inquiétez aussi excessivement de notre temporel, et vous prétendez que l'État doit continuer à nous salarier. Et depuis quand, s'il vous plaît, les prêtres sont-ils salariés par l'État ? Quoi ! lorsque l'Église a fait à l'État l'abandon de ses biens immen-

ses, on croira nous obliger à toutes les conséquences obséquieuses d'un salaire gagné,
lorsqu'on nous accorde une faible indemnité
pour empêcher nos ouvriers évangéliques
de mourir de faim! Allez, n'ayez pas peur
que l'État supprime jamais le budget du
clergé; il sait trop quelles en seraient aussi-
tôt pour lui les tristes conséquences. C'est
alors que l'Église, pauvre, déshéritée, mais
par là même plus indépendante, serait réellement une société dans la société, une
puissance en face de la puissance ; tous nos
prêtres alors seraient forcés d'être des apôtres; la religion ruinée dans son temporel ne
se relèverait que par des miracles d'enthousiasme, et ces miracles ne manqueraient pas
plus qu'ils n'ont manqué sous les Césars
persécuteurs et pendant la révolution fran-
çaise! Certes, il est étrange que dans un siècle si effréné amant de la propriété, on
traite aussi légèrement celle de l'Église!
Est-ce que dix-huit siècles de charité n'a-

vaient pas assez enrichi nos prédécesseurs dans la foi, pour nous rendre comme eux indépendants du budget et de l'écume de ses marmites? On nous a spoliés en promettant de nous donner le strict nécessaire, et nous y avons consenti par un détachement digne des exemples de Jésus-Christ même; et voilà que vous en êtes maintenant à savoir si l'on doit ou non nous laisser mourir de faim! Mais taisez-vous donc, c'est ignoble! c'est déjà une chose honteuse que d'avoir soulevé des questions pareilles; mais M. Cormenin croit-il sérieusement que l'État pense jamais à se donner un pareil tort et à se couvrir d'une telle infamie? L'État a bien assez de ses autres petites affaires de conscience. Et comme au fond il a peur de mourir dans l'impénitence finale, il ne veut pas encore tout à fait se brouiller avec nous.

Quant à la question de l'inamovibilité des desservants, ne vous en mêlez pas, je vous prie. Nous sommes encore loin de compte ; et nos seigneurs les évêques aspirent au bon temps où ils pourront changer à leur gré les curés même de cantons. Est-ce que le clergé n'est pas la sainte milice de l'Église, dont les évêques sont les chefs ? Or, que penseriez-vous de l'autorité d'un général qui ne pourrait pas faire à son gré manœuvrer ses troupes, et qui ne pourrait pas envoyer où bon lui semblerait ses officiers aussi bien que ses soldats ?

Nous vous le disons en vérité, toutes ces tendances constitutionnelles n'envahiront jamais l'Église catholique, parce que l'Église est une société tout obéissante dont l'absolutisme est la base ; car il n'y a rien de si absolu que l'infaillibilité. Tout ce qui a même une apparence démocratique est hostile par là même à l'Église ; et voilà pourquoi vos libéraux s'attendrissent avec tant d'hypocrisie sur le sort de ces pauvres desservants, taillables et corvéables à merci par Messeigneurs les évêques ; comme si les évêques exerçaient sur le bas clergé une autre autorité que celle de Dieu même, et comme si, devant une puissance pareille, tous les fonctionnaires ecclésiastiques ne devaient pas être aussi soumis que les plus humbles desservants !

Voilà, mon très-cher, comment vous parlerez à l'avenir si vous voulez être des nôtres ; en attendant, faites pénitence de votre popularité passée, car vous ne la méritiez pas ; faites pénitence encore de votre impopularité présente, car elle est orgueilleuse et maladroite. Vous compromettez notre cause en croyant la défendre ; vous voulez faire le théologien, et vous allez d'hérésie en hérésie, sous prétexte que vous êtes très-catholique ! Timon, Timon ! vous n'avez guère la mine d'être sérieusement ce que vous voulez être ; démocrate ou absolutiste, philosophe ou ultramontain, vos propres contradictions vous condamnent ; et personne ne peut admettre que vous soyez l'un, tout en voyant clairement que vous n'êtes pas l'autre.

Examinez bien votre conscience; pendant ce temps, celui des Révérends Pères que vous voudrez bien choisir vous-même, passera un surplis et ira vous attendre au tribunal de la pénitence. — Suisse, vous ne laisserez entrer monsieur que pour le conduire au confessionnal.

ÉPILOGUE.

Paix! Paix!

Paix donc à la démocratie éteinte! Silence aux vaincus! Paix à ceux qui sont morts! Voilà donc où vous en êtes venus! C'est là que de déception en déception vous ont fait tomber les rêves de votre orgueil!

Adorateurs de la Liberté, qu'avez-vous

fait de votre déesse? Vous lui avez fait une statue d'argent, puis vous avez vendu la statue, et vous en avez brocanté les débris avec les juifs de tous les budgets et les Judas de tous les ministères !

Caïns de la Révolution, qu'avez-vous fait de vos frères?... Quoi ! vous revenez, la rougeur au front, avouer à l'Église votre défaite et votre impuissance ! vous venez abjurer maintenant cette liberté de conscience que vous avez achetée au prix de tant de sang !

Rendez-nous compte d'abord des crimes de vos pères; rendez-nous nos églises incendiées et ruinées par la Réforme; rendez-nous les trésors de nos monastères; rendez-nous nos prêtres qu'ils ont tués, nos religieuses qu'ils ont violées, nos reliques qu'ils ont brûlées et dont ils ont jeté la cendre au vent !

Vous avez bien fait amende honorable à l'État pour la prise de la Bastille en rebâtissant vous-même plus de vingt bastilles; vous avez expié votre vaine gloire, en subissant tous les affronts qu'il a plu au pouvoir de vous jeter à la face; vous êtes en trop beau chemin pour vous arrêter : venez vous-mêmes la corde au cou et les pierres sur le dos rebâtir nos abbayes féodales !

Allez fouiller la terre encore grasse de sang des cimetières de la République, exhumez les ossements de vos guillotinés, et apportez-nous-les dans l'or et dans la soie, que nous en fassions des martyrs !

Animez-vous les uns les autres d'un saint zèle pour prévenir le retour de semblables malheurs; cherchez dans toutes les bibliothèques, soit publiques, soit privées, tous les monuments de l'erreur, tous les livres infectés d'une philosophie impie, tous les écrits dictés par le libéralisme, et jetez-les au feu comme vous y avez jeté naguère nos croix, nos reliques et nos ornements !.. Puis, quand ils seront consumés, recueillez-en la cendre, de peur qu'elle ne voltige au vent et qu'elle ne disperse encore quelque germe de liberté ; enterrez-la profondément dans un champ maudit où l'on sèmera du sel, et qu'on surchargera de pierres.

Au-dessus de ce grand tombeau, vous écrirez sur un poteau infâme : Elle est morte ! Mais vous n'y mettrez pas de nom : c'est un nom qu'il faut que le monde oublie.

Paix au monde sur le tombeau de la liberté morte ! Silence aux vaincus ! Paix à ceux qui sont morts !

Maintenant, une parole sérieuse à toi, Cormenin. — Nous avons compris ton désespoir et les amères déceptions de ton cœur. Tu veux réveiller par des ironies sanglantes tes frères qui s'endorment dans la servitude. Va, nous n'avons pas été dupes de ta prétendue trahison ; tu tires sur tes frères pour les éveiller, quand l'ennemi s'avance et va les surprendre endormis.

Mais l'esprit de Dieu ne dort pas, et si son souffle balaye encore vers le passé des hommes indignes de l'avenir, c'est pour préparer la place à son peuple qui viendra bientôt.

La raison de chaque homme peut se tromper, mais la raison de l'humanité tout entière ne se trompe jamais, car elle reflète le Verbe divin !

Ne t'indigne donc pas des lenteurs de son œuvre ; ne te laisse pas décourager avec ceux qui s'arrêtent ou qui retournent en arrière :

un peuple peut trahir la cause des peuples, comme un homme peut trahir celle des hommes, mais l'humanité marche toujours majestueusement vers son but ; et quoi qu'on fasse pour l'arrêter ou pour entraver sa marche, à l'heure où Dieu l'attend, elle arrive !

Tu vois que nous seuls t'avons compris ; au lieu de te réfuter nous avons enchéri sur tes hyperboles, et nous ne sommes pas plus que toi partisans de la tyrannie.

Pour nous comme pour toi, l'Église catholique n'est vénérable que par son symbole universel et unitaire, et nous méprisons profondément le génie remuant et haineux de ceux qui trouvent le moy en d'être des sectaires dans la communion universelle. Comme toi, nous ne combattons que pour arriver à la paix. Nous comprenons que tu te sois écrié : feu ! feu ! pour finir plus vite

la guerre; et si notre cœur répond : paix !
paix ! nous osons espérer qu'il sera compris
par le tien !

Ce génie despotique et persécuteur de la
vérité qui caractérise nos adversaires, nous
le connaissons pour avoir vécu au milieu
d'eux ; nous l'avons dévoilé tout entier dans
cet écrit, et ils n'oseront pas nous démentir.

Ils te flattent peut-être maintenant, non
dans l'espérance que tu seras jamais un des
leurs : ton esprit et ta rude franchise leur
feraient ombrage ; mais ils espèrent se ser-
vir de toi contre nous afin de te déshonorer
et de t'abandonner ensuite.

Cesse de les abuser par ton ironie, dis-
leur franchement que tu n'es pas avec eux.
Nous ne devons pas même tromper les trom-
peurs.

Nous leur faisons trop d'honneur de les craindre : que peuvent les oiseaux de nuit contre la lumière du jour? Les sublimes vérités religieuses qu'ils ne comprennent plus sont désormais affranchies de leur tutelle intéressée, et le vrai catholicisme, unissant la science à la révélation et la raison avec la foi, est devenu l'héritage des nations.

Nous tenons au siége de Rome lorsqu'il nous représente le centre de l'unité, et nous méprisons la cour romaine lorsqu'elle fait ramper jusqu'à nous ses tortueuses intrigues.

Nous tenons au symbole universel et à la grande communion catholique, parce que notre raison les admire et parce que notre cœur les comprend.

Mais désormais un prêtre ne pourra plus nous excommunier de la charité universelle, car l'amour de Dieu et des hommes est permis à tous; et c'est là, dans la plus large acception de ce mot, la grande communion catholique! — Si le prêtre manque à la charité, il prend la place du pécheur dont il devait être le père; et le pécheur qui pardonne au mauvais prêtre, exerce réellement alors envers cet homme le sacerdoce du Dieu de paix!

Oui, nous respectons les institutions anciennes en ce qu'elles ont de poétiquement vénérable; oui, nous voulons concourir de tout notre pouvoir à la renaissance et à la pompe du culte de nos pères; car nous connaissons l'esprit de l'Évangile : c'est un esprit de paix, de miséricorde et d'amour. Or, où se trouvent la paix, la miséricorde et l'amour, là aussi se trouve la liberté!

Que la religion et la liberté se donnent donc la main puisqu'elles sont sœurs; et que les indignes prêtres qui ont voulu les séparer se cachent dans la foule et baissent la tête !

Gloire au Christ qui a aimé le pauvre peuple, qui a pardonné aux femmes pécheresses et qui a béni les petits enfants !

Gloire au catholicisme qui a aboli l'esclavage, et qui a fait peser le joug de la justice sur l'épaule même des rois !

Mais honte éternelle aux cabales et aux intrigues ténébreuses qui s'agitent pour condamner les élans généreux et décourager les nobles cœurs ! Honte à ces congrégations qui conspirent contre la lumière ! malheur à ceux qui font de la religion du Christ un objet d'exploitation et un instrument de servitude !

L'Église et l'État ne peuvent exister l'un

sans l'autre, mais il leur faut de mutuelles garanties, à l'Église contre les administrateurs injustes, à l'État contre les mauvais prêtres.

Donc il faut veiller ensemble et se surveiller mutuellement.

Tout doit se faire au grand jour, et l'État doit connaître ce qui se fait dans l'Église, comme l'Église sait ce qui se fait dans l'État.

La raison et la foi sont deux choses distinctes qui ne peuvent exister seules, et qui, lorsqu'elles sont réunies, composent la force intellectuelle.

Il en est de même de la religion et de la politique.

Il en est donc de même de l'Église et de l'État.

La foi donne une base à la raison et la raison règle l'usage de la foi.

La critique épure les croyances, et les protestations contre les abus sont nécessaires à la réforme des abus.

Marchons donc tous ensemble et sans nous entre-déchirer, vers le grand but qui est la paix générale et l'unité universelle.

Amis de la vraie liberté, vous n'êtes pas les enfants des égorgeurs de prêtres!

Amis de la vraie religion, vous n'êtes

pas les enfants des bourreaux de la Saint-Barthélemi !

Pardon si j'ai emprunté quelquefois le langage altier des sectaires soi-disant catholiques et qui déshonorent le catholicisme !

Si l'Église le désavoue, ce sera un triomphe pour la vérité ; si quelques prêtres l'approuvent, on les connaitra, et ils ne seront plus dangereux. Mais il est plus probable que personne ne dira rien.

D'ailleurs qu'importent à la cause de Dieu et de l'humanité les paradoxes de quelques philosophes d'un jour et le fanatisme haineux de quelques prêtres? Le catholicisme est la grande lumière du monde des intelligences, et rien ne pourra arrêter cet astre majestueux dans son cours : lorsque le soleil

Inonde les campagnes de sa clarté, s'inquiète-t-il si quelques insectes des marais que sa chaleur tourmente dans leur fange croassent contre ses rayons?

FIN.